BEI GRIN MACHT SICH IHR WISSEN BEZAHLT

- Wir veröffentlichen Ihre Hausarbeit, Bachelor- und Masterarbeit

- Ihr eigenes eBook und Buch - weltweit in allen wichtigen Shops

- Verdienen Sie an jedem Verkauf

Jetzt bei www.GRIN.com hochladen und kostenlos publizieren

Bibliografische Information der Deutschen Nationalbibliothek:

Die Deutsche Bibliothek verzeichnet diese Publikation in der Deutschen National-
bibliografie; detaillierte bibliografische Daten sind im Internet über http://dnb.d-
nb.de/ abrufbar.

Impressum:

Copyright © 2010 GRIN Verlag, Open Publishing GmbH
Druck und Bindung: Books on Demand GmbH, Norderstedt Germany
ISBN: 9783640634422

Dieses Buch bei GRIN:

http://www.grin.com/de/e-book/151757/inklusion-der-index-fuer-inklusion-als-
instrument-fuer-die-praktische

Monika Thiem

Inklusion. Der Index für Inklusion als Instrument für die praktische Umsetzung in Kindertageseinrichtungen

GRIN Verlag

GRIN - Your knowledge has value

Der GRIN Verlag publiziert seit 1998 wissenschaftliche Arbeiten von Studenten, Hochschullehrern und anderen Akademikern als eBook und gedrucktes Buch. Die Verlagswebsite www.grin.com ist die ideale Plattform zur Veröffentlichung von Hausarbeiten, Abschlussarbeiten, wissenschaftlichen Aufsätzen, Dissertationen und Fachbüchern.

KATH. STIFTUNGSFACHOCHSCHULE MÜNCHEN
BA-STUDIENGANG BILDUNG UND ERZIEHUNG IM KINDESALTER

Wintersemester 2009/2010
Modul 3.7: Heterogenität und Integration

Inklusion

Ein neuer grundlegender Ansatz für Handlungen im Bildungsbereich am Beispiel des Index für Inklusion als Instrument für die praktische Umsetzung in Kindertageseinrichtungen

Seminararbeit von

Monika Thiem
5. Semester

Germering, den 14. März 2010

Inhaltsverzeichnis

Coverbild: pixabay.com

I.   Einführung in die Thematik

Die Einleitung gibt einen kurzen Einblick in die nachfolgende Thematik, definiert die genaue Fragestellung und stellt die Grundstruktur der Arbeit dar.

I.1.   Einleitender Gedanke und Themenbegründung

„Gemeinsam leben ist das Ziel,
gemeinsam lernen eine notwendige Voraussetzung."
(Schmidt 2002: 9)

Die Materie der Inklusion sowie deren praktische Umsetzung ist die maßgebliche Herausforderung, mit der sich Bildungssysteme auf der ganzen Welt konfrontiert sehen. Während die inklusive Pädagogik in einigen Ländern als ein Ansatz gesehen wird, um Kinder mit erhöhtem Förderbedarf in allgemeinen pädagogischen Settings zu fördern, wird sie international zunehmend als umfassende Reform betrachtet, die Heterogenität unter Lernenden begrüßt, unterstützt und als normal begreift (vgl. Ainscow in Heimlich/ Behr 2009). Dementsprechend wurde bereits 1994 auf der Weltkonferenz in Salamanca zu einer „Pädagogik für besondere Bedürfnisse" die Intention der inklusiven Pädagogik vorgestellt. Folglich sollen Regeleinrichtungen mit einer inklusiven Orientierung das beste Mittel sein, um diskriminierende Haltungen zu bekämpfen, um eine inklusive Gesellschaft zu lancieren und um Bildung für Alle zuwege zu bringen (vgl. a.a.O. 2009). In den darauf folgenden Jahren waren sowohl auf internationaler Ebene als auch in Deutschland beträchtliche Aktivitäten zu beobachten, die pädagogische Grundsätze und Schulentwicklung aber vor allem auch die frühpädagogische Praxis in eine integrative respektive inklusive Richtung lenken.

Gerade Pädagogen haben nach Ansicht der Autorin den Auftrag, nach flexiblen und praktikablen Lösungen Ausschau zu halten, die die Förderung aller Kinder im Blickpunkt der pädagogischen Bestrebungen sehen. Obgleich in Deutschland die Integrationspädagogik als Teil der Erziehungswissenschaft einen vergleichsweise innovativen Bereich darstellt, ist sie bereits begrifflich mit dem Inklusionsansatz Irritationen ausgesetzt. Aus diesen Gründen sowie anhand der Erfahrungen der Autorin in der integrativen Hortarbeit beschäftigt sich diese Arbeit im Folgenden mit der Diversifizierung der Integration zur Inklusion und diskutiert den inklusiven Ansatz in Bezug auf bildungsrelevante Aspekte in Schulen und Kindertageseinrichtungen.

I.2.   Zentrale Fragestellung und Themeneingrenzung

Ausgangspunkt der Arbeit sind die theoretischen Erkenntnisse zur inklusiven Pädagogik. Im Besonderen werden diverse Aspekte zur Entwicklung von der Integration zur Inklusion im internationalen und nationalen Bildungsbereich dargestellt. In Bezug auf die zentrale Fragestellung wird im Anschluss die inklusive Arbeit in Bildungseinrichtungen diskutiert und diese anhand der Vorstellung der Evaluationsmethode des „Index für Inklusion" kritisch untersucht.

I.3.   Aufbau der nachfolgenden Arbeit

Der erste Abschnitt der Arbeit beschäftigt sich mit der definitorischen Abgrenzung der Begrifflichkeiten ‚Integration' und ‚Inklusion' und erläutert in diesem Zusammenhang die inhaltliche Demarkation der beiden konzeptionellen Ansätze.

Im zweiten Teil der Arbeit wird der Fokus auf die inklusive Pädagogik im Bildungsbereich gerichtet. Anhand divergenter Handlungs- und Tätigkeitsbereiche wird die Umsetzung des inklusiven Grundverständnisses in der pädagogischen Arbeit erläutert.

Im dritten Abschnitt wird die Evaluationsmethode des „Index für Inklusion" als Instrument für die inklusive Entwicklung in Kindertageseinrichtungen vorgestellt und in Bezug auf die Effizienz in der praktischen Anwendung kritisch diskutiert.

Der letzte Teil der Arbeit fasst die einzelnen Aspekte zusammen, legt die persönliche Meinung der Autorin dar und wagt eine Prognose der inklusiven Entwicklung für die Zukunft.

II.   Von der Integration zur Inklusion

Seit einigen Jahren zeichnet sich in der deutschsprachigen Fachdiskussion der am pädagogischen Prozess Beteiligten die Tendenz ab, den Begriff der Integration durch den der Inklusion zu ersetzen. Gelegentlich entsteht dabei die Impression, eine alte Bekannte in einer neuen semantischen Aufmachung wieder zu treffen (vgl. Dederich et al. 2006) Dieser innovative Gedanke einerseits reicht andererseits zu einem dezidierten oppositionellen Verständnis der beiden Begrifflichkeiten. Die Diskrepanz der beiden Bezeichnungen sowie die Reziprozität der jeweiligen konzeptionellen Ansätze soll im Folgenden diskutiert werden.

II.1.   Definitorische Abgrenzung

Der Begriff Integration geht auf das lateinische Adjektiv „integer" zurück, was so viel wie „heil, unversehrt, vollständig, ganz" bedeutet. Ergänzend dazu lässt sich das Verb „integrare" mit „erneuern" übersetzen (vgl. Kobi in Biewer 2009(a)). Nach Hillmann (1994) versteht man aus soziologischer Sicht „unter Integration die Wiederherstellung eines Ganzen, bezogen auf Prozesse der verhaltens- und bewusstseinsmäßigen Eingliederung in, beziehungsweise Angleichung an Wertstrukturen und Verhaltensmuster" (vgl. Biewer 2009(a)). Gill (2005) formuliert Integration ebenfalls aus soziologischer Perspektive als Vermittlung zwischen der einzelnen Person und der Gesellschaft. Diese verändern sich in reziproker Abhängigkeit und entwickeln sich sukzessive weiter (vgl. Gill 2005). In allgemeinster systemtheoretischer Formulierung ist Integration ein Prozess, in dem neue Elemente in ein System so aufgenommen werden, dass sie sich fortan von den alten Elementen nicht mehr unterscheiden als diese untereinander (vgl. Götzendorfer 2009). Dennoch beschreibt Integration diesbezüglich eine in der Umsetzung oftmals klägliche, enttäuschende und von der ursprünglichen Idee pervertierende Realität des gesellschaftlichen Zusammenlebens. Beispielsweise wird auf Grund finanzieller Notwendigkeit an medizinischen Diagnosen einhergehend mit den am Förderbedarf einzelner Kinder orientierten Therapien an Separation und Stigmatisierung festgehalten.

Der Begriff Inklusion lässt sich aus dem Lateinischen „inclusio" respektive „includere" ableiten und bedeutet zu Deutsch „Einschluss, Enthaltensein" (vgl. Heimlich 2003). Folglich ist das Ziel der Inklusion analog zur Integration die Konstruktion einer Einheit. Essentielle Unterschiede ergeben sich allerdings in der

Ausgangssituation. Während die Integration die einzugliedernden Menschen mit besonderen Bedürfnissen einhergehend mit Beeinträchtigungen oder Benachteiligungen in den Mittelpunkt der Interaktionen stellt, so fokussiert die Inklusion die Veränderungen bestehender Strukturen und Auffassungen, um gesellschaftliches Zusammenleben zu gestalten (vgl. Götzendorfer 2009).

„Inclusion is not a strategy to help people fit into the systems and structures which exist in our societies; it is about transforming those systems and structures to make it better for everyone. Inclusion is about creation a better world for everyone." (Richler, http://everyoneisincluded.us/inclusionquotes06. html 2010)

Nach Dederich et al. (2006) stellt die Inklusion in Abgrenzung zur Integration eine positive Vision dar, die in Bezug auf die Gesellschaft und das gemeinsame Zusammenleben das in Zukunft erst noch Kommende determiniert. Insofern kann die Inklusion als eine evolutionäre und historisch notwendige Weiterentwicklung des Integrationsgedankens verstanden werden. Kobi (2006) spricht in diesem Sinne bei der Inklusion von Weiterentwicklung, Intensivierung und Totalisierung der Integration einhergehend mit einer „Reanimation" und einem „Redesign" der Begrifflichkeiten (vgl. Kobi in Dederiche et al. 2006).

II.2. Internationale Entwicklung der Begriffe „Inclusion" und „Inclusive Education"

Der Ursprung des Begriffes Inklusion ist im angloamerikanischen Sprachraum zu finden. Seit den 90er Jahren des letzten Jahrhunderts wird in den USA und Kanada der Begriff „Mainstreaming" und in Großbritannien, Australien, Neuseeland und anderen anglophonen Ländern der Begriff „Integration" sukzessive von den Termini „Inclusion" oder „Inclusive Education" abgelöst (vgl. Götzendorfer 2009). Ursache für diesen Begriffswechsel könnte nach Biewer (2009(b)) eine Perspektivenverschiebung in Bezug auf den internationalen pädagogischen Diskurs sein. Darüber hinaus hat nach Ansicht der Autorin die Salamanca-Konferenz von 1994 zur internationalen Verbreitung des Sprachgebrauchs von „Inclusion" oder „Inclusive Education" beigetragen. In der von der UNESCO organisierten Konferenz mit dem Thema „Pädagogik für besondere Bedürfnisse: Zugang und Qualität" wird der Begriff und das Konzept der Inklusion in den Mittelpunkt der pädagogischen Bestrebungen gestellt und somit international etabliert. Als Pionier in Bezug auf eine inklusive

Schulpädagogik ist Kanada zu nennen. Dort beschäftigten sich bereits vor der Salamanca Konferenz die Präsidentin der Menschenrechtsorganisation „Inclusion International" Diane Richler sowie der Direktor der „Inclusive Education Canada" und Präsident der „New Brunswick Human Rights Commission" Dr. Gordon L. Porter dezidiert mit der Thematik der Inklusion und deren Umsetzung in kanadischen Schulen (vgl. http://oecd.org; 2010)/ (vgl. Götzendorfer 2009). Diese verwenden bereits vor der Konferenz im Jahr 1994 die beiden Begriffe der Inklusion und Integration synonym. Andere Autoren grenzen die Begriffe, ähnlich wie die Autorin in Punkt II.1, deutlich voneinander ab, da sie in der Inklusion eine qualitative Weiterentwicklung des pädagogischen Konzeptes der Integration sehen.

> „Inclusion is distinguished from integration in that integration assumes that the school system remains the same but the extra arrangements are made to provide for pupils with special education needs." (Farrell in a.a.O. 2009: 10)

Diese auch heute noch von Autoren determinierte und verbreitete synonyme Verwendung der Begriffe einerseits sowie die explizite Abgrenzung der beiden Begriffe andererseits führen zu der persistierenden uneinheitlichen Begriffsbestimmung auf internationaler Ebene (vgl. a.a.O. 2009).

II.3. Integrations- und Inklusionsentwicklung im deutschsprachigen Raum

Analog zur globalen Entwicklung wird das Inklusionskonzept auch in der deutschsprachigen Sonderpädagogik bereits Ende des letzten Jahrhunderts detailliert aufgegriffen und diskutiert. Insbesondere Martina Jülich beschreibt 1996 in ihrer deutschsprachigen Publikation über die Integration in den USA den American Dream vom „Melting Pot", die Integration von Einwanderern in die Kultur eines Landes und etabliert somit die emotionale Grundlage der Inklusion im deutschsprachigen Raum (vgl. Dederich et al. 2006).

Darüber hinaus dienen neben oben erwähnten und anderen internationalen Papieren und Programmen die Erklärung von Salamanca Mitte der 90er Jahre als Impuls- und Ideengeber für die Inklusionsdebatte hierzulande (vgl. Götzendorfer 2009). Einen Höhepunkt erreicht die gegenwärtige Diskussion mit der Verabschiedung der von den Vereinten Nationen initiierten UN-Behindertenrechtskonvention im Jahr 2008. Mit der Unterzeichnung Deutschlands im darauffolgenden Jahr ist diese Behindertenrechtskonvention seit 2009 innerstaatlich verbindliches Recht. Demnach haben alle Kinder einen Rechtsanspruch, dass ihren individuellen Förderbedürfnissen in allen Schulen entsprochen wird (vgl. Wocken 2009). Infolgedessen rücken zwei Thesen in den Vordergrund der pädagogischen Perspektive, die den Weg von der Integration zur Inklusion näher beschreiben sollen respektive die beiden Konzepte klar voneinander distanzieren; erstens kann nun die Inklusion vor Gericht durchgesetzt werden und ist demzufolge als verpflichtendes Recht anstelle eines freiwilligen Angebotes zu interpretieren und zweitens ist die Schule dazu verpflichtet, die Ressourcen den Förderbedürfnissen aller Kinder anzupassen. Die Devise lautet hierbei: Ressourcenanpassung anstelle von Ressourcenvorbehalt (vgl. a.a.O. 2009) Die konsequente Umsetzung der Inklusion sollte somit nach Ansicht der Autorin im Gegensatz zur Integration unabhängiger von Rahmenbedingungen und Voraussetzungen sein. In der Realität gestaltet sich dieser Gedankengang allerdings schwierig, da in Deutschland beinahe das gesamte gesellschaftliche Zusammenleben an gesetzlichen Regelungen und Vorschriften orientiert und behaftet ist. Der gegenwärtige Rahmen der das Sozialgefüge strukturiert und damit einhergehende Faktoren wie beispielsweise die Finanzierung regelt, ist nach Ansicht der Autorin einigen innovativen Überlegungen und Konfrontationen ausgesetzt, um Inklusion zu ermöglichen.

II.4   Unterschiede zwischen Integrations- und Inklusionspraxis

In der Intention Kinder mit besonderen Bedürfnissen zu integrieren, effiziert dieser Gedanke ungewollt die Entstehung einer Zwei-Gruppen-Klassifizierung. Zum einen gibt es Kinder, die in einem System uneingeschränkt und vollberechtigt etabliert sind und zum anderen gibt es Kinder, die sich in das System zu integrieren haben.

> *„Während in der Integrationspraxis einzelne Andere einer bestehenden Mehrheitsgruppe hinzugefügt oder zwei Gruppen zusammengefügt werden, besteht der Inklusionspraxis gemäß eine unteilbare heterogene Lerngruppe, die unter pädagogischen Gesichtspunkten nicht mehr trennscharf in zwei Teilgruppen unterschieden werden kann."* (Heinzel/ Geiling 2004: 39)

Bis dato geben administrative Vorgaben der Integrationspraxis vor, zwischen Kindern mit und Kindern ohne besonderen Förderbedarf zu unterscheiden. Ausschließlich diese Differenzierung und der damit einhergehende spezifizierte sonderpädagogische Förderbedarf bildet die Grundlage der zusätzlichen Ressourcen, die wiederum die individuellen integrationspädagogischen

Förderschwerpunkte und –maßnahmen ermöglichen. Die Inklusionspraxis lehnt diese Vorgehensweise als diskriminierende Etikettierung vehement ab und richtet den Fokus darauf, auf welchem Wege alle Kinder mit ihren individuellen Lernvoraussetzungen und –erfahrungen am gemeinsamen Curriculum teilhaben können (vgl. a.a.O. 2004). Inklusion wird somit als kontinuierlicher Prozess angesehen und nicht als ein Status der erreicht werden kann. Die Wertschätzung der Vielfalt, die Vermeidung von Kategorisierung sowie eine interdisziplinäre Zusammenarbeit auf allen gesellschaftlichen Ebenen bilden dabei eine unabdingbare Voraussetzung (vgl. Booth et al. in a.a.O. 2004).

In gleicher Weise hat sich im deutschsprachigen Raum Andreas Hinz in Anlehnung an den Kanadier Gordon L. Porter (s. Anhang 1) differenziert mit Unterscheidungskriterien zwischen integrativer und inklusiver Praxis beschäftigt und in einer Gegenüberstellung (s. Anhang 2) anschaulich demonstriert (vgl. Götzendorfer 2009). Anhand der Gegenüberstellung wird deutlich, dass es sich bei der Neuorientierung im Rahmen der Inklusion um eine Hinwendung zur Persönlichkeitsentwicklung und Leistungsförderung aller Individuen innerhalb einer heterogenen Gruppe handelt. So sollen Probleme gemeinsam diskutiert und kooperativ nach Lösungen gesucht werden. Kollegiale Zusammenarbeit in einem interdisziplinären Team sowie die Stärkung der Strategien und Handlungskompetenzen des Fachpersonals müssen nach Überzeugung der Autorin im Mittelpunkt der pädagogischen Professionalisierung stehen, um jedem Kind eine adäquate Unterstützung in der heterogenen Gruppe offerieren zu können.

Fazit:

Obgleich die Inklusionsdebatte und somit die Auseinandersetzung mit zwei divergenten Begrifflichkeiten – der Inklusion und der Integration - erst vor kurzem den deutschen Sprachraum erreicht hat, ist eine dezidierte Reflexion der bis dato praktizierten Integration in Deutschland wahrnehmbar. In diesem Zusammenhang werden das Konzept und die Umsetzung der Inklusion zum einen als Vertiefung und Erweiterung der bisherigen Integrationspraxis betrachtet und zum anderen als eine unbedeutende Perspektivenverschiebung in Form einer Begriffsmodernisierung angesehen. Sowohl auf internationaler als auch auf nationaler Ebene finden Autoren und Fachleute wie oben erörtert über diesen Gegenstand keine Einigung. Dennoch wird deutlich, dass die Kritik an der Integration aus inklusionspädagogischer Sicht insbesondere auf zwei Merkmale reduzierbar ist. Zum einen wird in der Integrationspädagogik von einer Zwei-Gruppen-Klassifizierung ausgegangen und zum anderen agiert die Integrationspraxis individuumszentriert, indem sie das Kind mit besonderen Bedürfnissen isoliert in den Mittelpunkt der pädagogischen und therapeutischen Bestrebungen stellt. Im Gegensatz dazu geht die Inklusionspädagogik von einer heterogenen Lerngruppe aus, die alle Kinder in den Fokus der gemeinsamen Interaktionen stellt und als Ziel hat, mit der Verschiedenheit als Ressource umzugehen und Erziehungs- und Bildungsmomente zu gestalten.

Positiv zu erwähnen ist, dass in den vergangenen Jahren aufgrund zahlreicher Diskussionen auf theoretischer Ebene eine deutlich wahrnehmbare Interessenssteigerung im pädagogischen Bereich bezüglich gemeinsamer Erziehung und Bildung zu vermerken ist. Den Anstoß des neuen fachlichen Diskurses lieferte nach Meinung der Autorin – und in zahlreichen Publikationen bestätigt - die Konferenz in Salamanca sowie die gesetzlichen Neuerungen für Menschen mit besonderen Bedürfnissen. Allerdings stellt sich hierbei die Frage, was dies für die Umsetzung in der Praxis bedeutet. Handelt es sich bei der Inklusion um eine utopische Fantasiekonstruktion oder können die Bildungseinrichtungen den inklusiven Ansprüchen Folge leisten? Wie gestaltet sich die dafür notwendige Qualifizierung und fachliche Unterstützung für die Pädagogen in der Praxis? Das sind nach Auffassung der Autorin Fragen, die es in Zukunft zu beantworten gilt, um inklusives Denken und Handeln in der Pädagogik, aber vor allem auch in der alltäglichen Praxis zu etablieren.

III. Inklusion im Bildungsbereich

Wenn Kinder mit unterschiedlichen Bedürfnissen gemeinsam Bildungseinrichtungen besuchen, ist es für sie normal, zusammen zu sein. Von Beginn an lernen sie, dass es unterschiedliche Menschen mit divergenten individuellen Kompetenzen gibt. Alle Kinder können sich mit ihren vielfältigen Talenten gegenseitig unterstützen und erfahren, dass es Spaß macht und bereichernd ist, gemeinsam ein Ziel zu erreichen. Anhand des gemeinsamen Leben und Lernens in Bildungseinrichtungen wird verhindert, dass sich Kinder mit unterschiedlichen Bedürfnissen auseinander leben und dass Barrieren entstehen. Die praktische Umsetzung dieses inklusiven Grundgedankens soll im Folgenden anhand struktureller Gegebenheiten des Bildungssektors als auch mittels konkreter Handlungssituationen dargestellt werden.

III.1 Inklusion als Herausforderung für das Bildungssystem

Während die Integration wie im ersten Abschnitt der Arbeit erörtert, im Bildungssystem noch an einer Kategorisierung festhält, nämlich zum Beispiel „Kinder mit und ohne Förderbedarf" separat zu begreifen respektive zu unterrichten, sieht die Inklusion als Leitidee die Lerngruppe als einheitlich an und nimmt alle am Bildungsprozess Beteiligten in den Blick. Somit ist für Ainscow (2009) das Ziel der inklusiven Pädagogik der völlige Verzicht auf soziale Exklusion. Diese Basis der Heterogenität und Vielfalt ergibt sich für ihn weiter als logische Konsequenz aus einer inklusiven pädagogischen Haltung. Die vielfältigen Lernwege, die direkt proportional zu den individuell gegebenen Voraussetzungen des einzelnen Kindes oder der Gruppe stehen, versteht Schäfer (2007) in diesem Zusammenhang als entscheidende Ressource im Bildungsprozess. Mit der Annahme, dass Bildung ein Grundrecht des Menschen ist, legt die inklusive Pädagogik somit auch das Fundament für eine gerechtere Gesellschaft. Des Weiteren kann für Ainscow (2009) die soziale Teilhabe nur aus einem Prozess des sozialen Lernens hervorgehen, der aus gemeinsamen Interaktionen innerhalb einer zielstrebigen Gemeinschaft resultiert. Demzufolge muss die Inklusion - obgleich diese eine komplexe Angelegenheit in den sich rapide ändernden Bildungssystemen ist - die größte Herausforderung sein, der sich Schulsysteme auf der ganzen Welt und schließlich der gesamte globale Bildungssektor widmen und elaboriert damit auseinandersetzen (vgl. Ainscow in Heimlich/ Behr 2009).

Dennoch ist zu konstatieren, dass viele Barrieren, die den Lernenden nach wie vor zuteilwerden, reziprok zu den vorhandenen Denkweisen und Strukturen im gegenwärtigen Bildungssystem sind. Die subtilen Differenzen zwischen den Konzepten und Begrifflichkeiten führen zu Unsicherheiten bezüglich der praktischen Umsetzung der Inklusion, einhergehend mit einem unzureichenden Verständnis der Fachkräfte, was die kontextgebundene Realisation dieser pädagogischen Reform angeht (vgl. a.a.O. 2009). In diesem Zusammenhang stellt sich die Autorin die Frage, was das Recht auf Inklusion für die bildungspädagogische Arbeit konkret bedeutet und wie dieses adäquat umgesetzt werden soll.

Folglich liegt das Augenmerk auf Faktoren, die zum einen in den Bildungseinrichtungen und zum anderen im gesellschaftlichen Umfeld zu finden sind und die die Entwicklung des Denken und Handelns aller am Prozess Beteiligten etikettieren. Infolgedessen müssen Strategien für die Entwicklung einer inklusiven Praxis Denkprozesse intervenieren, um bisher nicht wahrgenommene Potenziale zur Entwicklung der Praxis zu exponieren (vgl. a.a.O. 2009).

Aus diesen Gründen sollte nach Ansicht der Autorin über grundsätzliche Prioritäten im Bildungssystem nachgedacht werden, um die Qualität und die Handlungskompetenz aller Regeleinrichtungen zu stärken, um Kinder mit divergenten Lernvoraussetzungen im lokalen Kontext bestmöglich unterstützen zu können und somit eine soziale Teilhabe für alle zu ermöglichen.

III.2 Inklusive Qualität und Bildungsstandards

Qualität ist im pädagogischen Kontext kein obligatorischer und abgeschlossener Status, sondern eher ein kontinuierlicher Prozess, der alle Segmente der pädagogischen Arbeit umfasst (vgl. Heimlich/ Behr 2009).

Während Elitebildung und Hochbegabtenförderung im öffentlichen Interesse Hochkonjunktur haben, wird die Frage nach einer erfolgversprechenden Förderung von Kindern mit erschwerten Lernvoraussetzungen eher selten gestellt. Obgleich nach Knauer (2002) Bronfenbrenner bereits vor über 30 Jahren nachweisen konnte, dass eine einseitig an Lerninhalten ausgerichtete Förderung ohne Bezug zur Lebenswirklichkeit und Wohnraumnähe der Schüler ineffizient ist, werden nach wie vor systematisch falsche bildungspolitische Konsequenzen – insbesondere nach der PISA-Katastrophe - abgeleitet. Auch die gemeinsame Unterrichtung von Kindern in lokalen Regelschulen ist bisweilen kein zwingendes Qualitätsmerkmal für schulische

Leistungsfähigkeit (vgl. Deppe-Wolfinger in Geiling/ Hinz 2005). Sander (2002) spitzt die Sache zu, indem er die gegenwärtige Praxis des gemeinsamen Unterrichtes als bloßes Additum eines unveränderten Regelunterrichtes sieht, indem die zusätzliche Unterstützung auf das Kind mit dem Förderbedarf ausgerichtet ist (vgl. Geiling/Hinz 2005).

> „In irgend einer Klasse sitzt irgend ein Kind mit irgend einem Förderbedarf und irgend ein Sonderschullehrer kommt ab und zu vorbei, bringt das neue Programm mit und kümmert sich. Die Schule als Ganzes verändert sich kein bisschen, aber immerhin, man kann sagen, dieses Kind sei voll integriert." (Hinz 2002: 356)

Für Geiling und Hinz (2005) stehen Qualität und Inklusion in Reziprozität zueinander. Somit wird die Realisierung inklusiver Pädagogik zu einem programmatischen Ziel im Bildungsbereich. Um zu einer qualitativ hochwertigen Schule für alle zu gelangen, bedarf es nach Boban und Hinz (2003) einer dreidimensionalen Entwicklung, wie sie im „Index für Inklusion" (vgl. Punkt IV) vorgestellt wird. Hierzu gehören die Bildung inklusiver Kulturen, die Etablierung inklusiver Strukturen und die Entwicklung inklusiver Praktiken. In diesem Sinne und in der Intention jedem Kind Bildungsfähigkeit zuzuschreiben, werden schulschwache Kinder nicht länger delegiert, sondern von allen wahrgenommen und unterstützt.

> „Qualität von (praktischer) Pädagogik ist um so mehr gegeben, je besser alle Kinder in ihrer leistungsmäßigen und sozialen Entwicklung individuell gefördert werden."
> (Sander in Geiling/ Hinz 2005: 110)

Dementsprechend ist für Sander (2005) Qualität von Inklusion nichts anderes als die Qualität einer praktischen Pädagogik im Erziehungs- und Bildungswesen, die eng mit einer allgemeinen Pädagogik zusammenhängt.

In Bezug auf Qualitätsansprüche und -forderungen, im Besonderen als Reaktion auf den PISA-Schock, sind in den vergangenen Jahren immer wieder Forderungen nach bundesweiten Bildungsstandards laut geworden. Dass die Einführung solcher Bildungsstandards, einhergehend mit zunehmenden Leistungsmessungen in den Schulen nicht unbedingt förderlich für einen inklusiven Schulalltag ist und dass solche Intentionen nicht notwendigerweise zu einer angestrebten nationalen Verbesserung des Schulleistungsniveaus führen, liegt nahe. Solche Bildungsstandards nehmen indes in Kauf, zwischen Erfolgreichen und Nichterfolgreichen zu differenzieren und somit auch anstandslos das Scheitern,

Diskriminieren und Separieren von Kindern bewusst zu akzeptieren. Solche verbindlichen Standards können als Rückmeldung für die Pädagogen nützlich sein, dürfen aber ferner nicht statuieren, wer in der Lerngruppe verweilen kann und wer ausgesondert wird. Bildungsstandards sollten in inklusiven Lernsettings lediglich als Orientierung gelten aus denen sich in der praktischen Arbeit individualisierte Bildungsziele ableiten lassen (vgl. Sander in Geiling/ Hinz 2005).

III.3 Inklusive Interaktionen und Beziehungsaufbau

In der gegenwärtigen „strukturlosen anybody-does-everything-everywhere-anytime-Society" (Kobi 2010: 8) sind die sozialen Begegnungen und Interaktionen der Kinder die Basis der gemeinsamen Erziehung in Bildungseinrichtungen. Die neue Kindheitsforschung hat in diesem Zusammenhang die enorme Bedeutung der Beziehung innerhalb einer Kindergruppe aufgezeigt und transparent gemacht. Kinder in einer inklusiven Bildungseinrichtung treffen in diesem Sinne nicht nur auf vorhandene strukturelle Rahmenbedingungen und eine dezidierte pädagogische Grundhaltung einer gemeinsamen Erziehung, sondern insbesondere auch auf die individuellen Persönlichkeiten aller anderen Kinder.

> *„In der Peer-Group verhandeln Kinder von gleich zu gleich und regen sich ko-konstruktiv zu wichtigen psychosozialen und kognitiven Entwicklungen an. Der [gemeinsame] Kinderalltag enthält eine bedeutende Chance, die Fähigkeiten zur Selbstachtung einerseits und zur Anerkennung der Anderen andererseits zu üben und Gleichheit und Differenz immer wieder neu auszuhandeln."* (Krappmann & Oswald in Prengel in Geiling/ Hinz 2005: 25)

In diesem Zusammenhang finden die Kinder, einhergehend mit ihrem großen Gerechtigkeitsempfinden nach Prengel (2005) Wege, ihre Über- und Unterlegenheit tabulos zu verbalisieren und sich als Gleiche, als Verschiedene und auch als Ungleiche wahrzunehmen und dennoch gegenseitig anzuerkennen und zu akzeptieren. Deshalb sollte sich die Planung und Durchführung pädagogischer Interventionen nach Ansicht der Autorin stets an der Beziehung und Kommunikation der Kinder untereinander orientieren, um Gelegenheiten zur gemeinsamen ko-konstruktiven Interaktion zu ermöglichen und Heterogenität als Ressource für alle Kinder transparent zu machen. Primär geht es bei den Begegnungen der Kinder darum, Achtsamkeit für die Besonderheit des anderen zu entwickeln und die Singularität der Situation wahrzunehmen (vgl. Kobi 2010).

Das daraus wachsende wechselseitige Verständnis macht es möglich, zwischenmenschliche Beziehungen unter den Kindern entstehen zu lassen, die letzten Endes zum Wohlbefinden Aller im Zusammenleben beitragen (vgl. Fischer 2010). Die Pädagogen sollen demnach allen Kindern zu größtmöglicher Autonomie verhelfen, um Partizipation und Zugehörigkeit innerhalb der Gruppe zu ermöglichen. Im Hinblick auf diese pädagogische Zielorientierung der Selbstbestimmung und Selbständigkeit bekommen Bedürfnisse nach Sicherheit und Bindung an verlässliche Bezugspersonen eine hohe Relevanz im pädagogischen Alltag (vgl. a.a.O. 2010). Dabei fordert der von den Bezugspersonen respektive anderen strukturgebenden Faktoren ausgehende Halt sowohl einen stützenden Kontext als auch einen freien Gestaltungsraum (vgl. Kobi 2010). Die daraus entstehende Sicherheit und die relative Autonomie auf der Grundlage der individuellen Möglichkeiten machen es realisierbar, dass sich alle Kinder im geschützten Rahmen der Einrichtungen und Schulen in Interaktionen mit ihrer Umwelt entfalten und ausprobieren können. Des Weiteren können die Kinder in diesem Rahmen explorierend aufeinander zugehen und sich gegenseitig in ihrer Heterogenität kennenlernen. In diesem Zusammenhang fügt Fischer (2010) hinzu, braucht die Entwicklung von Beziehungen Zeit und positiv erlebte Kontakte, die in alltäglich wiederkehrenden Begegnungen stattfinden. Wenn das Unbekannte und zunächst Fremde für die Kinder in gemeinsamen Handlungen und Interaktionen im Gruppenalltag plausibel und von den Pädagogen als normal und selbstverständlich wahrgenommen wird, dann ist auch ein dialogischer Aushandlungsprozess individueller Bedürfnisse und Grenzen und somit der Aufbau von soliden Beziehungen realistisch denk- und umsetzbar.

III.4 Inklusive Spiel- und Lernprozesse

Kaum etwas anderes fördert in so umfangreichem Ausmaß die Entwicklung der Kinder, wie das Spiel. Die Kinder entwickeln in einer vereinbarten Struktur aus einer ausgedachten Situation eine neue Realitätskonstruktion, in der sie sich mit Hilfe von Wiederholungen und Ritualen bewegen. So können sie einhergehend mit ihrer Akteurrolle im Spiel divergente Valenzen und Veränderungen ihrer eigenen Person erfahren und mit der Spieltätigkeit assoziiert, ihre individuellen Fähigkeiten und Kompetenzen einbringen (vgl. Oerter 1999). In diesem Zusammenhang können sich alle Kinder einer inklusiven Kindertageseinrichtung - vor allem im frühpädagogischen Bereich - im Spiel begegnen und das dazu beitragen, was sie können. Die soziale

Spieltätigkeit gestaltet sich somit als ein zentraler Ansatzpunkt für inklusive Interaktionen, da diese unabdingbar mit individuellen Bedürfnissen und Kompetenzen sowie den Alltagserfahrungen aller Kinder behaftet ist (vgl. a.a.O. 1999).

„[Inklusive] Spielsituationen entstehen dann, wenn alle Kinder auf der Basis ihrer jeweiligen Fähigkeiten und Bedürfnisse solche Spieltätigkeiten hervorbringen können, die ihre persönliche Unverwechselbarkeit im Verhältnis zu ihrer sozialen Umwelt zum Ausdruck bringen und ihnen eine Vielfalt an leiblich-sinnlichen Erfahrungsmöglichkeiten eröffnen." (Heimlich 2003: 90)

In diesem Kontext lernen die Kinder tolerant, respektive intolerant, mit den spezifischen Fähigkeiten der anderen Kinder umzugehen und ex aequo in der direkten Interaktion positive oder negative Reaktionen des Gegenübers anzuerkennen. Unmittelbare Wirkungen auf das eigene Verhalten können erlebt und in Form des sozialen Lernens nach individuellen Möglichkeiten verändert werden (vgl. Fischer 2010). Nach Heimlich (2003) ergeben sich daraus resultierend für Pädagogen diverse Komponenten einer Förderung des gemeinsamen Spiels. (s. Anhang 3) In Folge der vorangegangenen Überlegungen sollen die Kinder in ihrer Kontaktinitiierung und der sozialen Spieltätigkeit einhergehend mit damit assoziierten Lernprozessen unterstützt und begleitet werden sowie Rahmenbedingungen für das Spiel in der Inklusionspraxis geschaffen werden. Insbesondere die Beobachtung der Spielsituation ist als Basiselement des Konzeptes zu verstehen, da sich daraus resultierend Interventions- und Fördermöglichkeiten der heterogenen Gruppe für die Pädagogen aufzeigen (vgl. Heimlich 2003).

Bezogen auf schulische Lernprozesse macht das Bild von Schule als ein ‚Haus des Lebens und Lernens‘ (s. Anhang 4) deutlich, dass inklusives Lehren und Lernen in einer Umgebung stattfinden soll, die sich als Ort der Begegnung und des Miteinanders, als Stätte der Annahme, der Kooperation und des Dialogs sowie als Raum der Anregung, Orientierung und Lebenserschließung versteht.

„Wenn es Lernenden und Lehrenden im Unterricht gelingen soll, Lernwelten so zu gestalten, dass die Vielfalt an Perspektiven und Möglichkeiten nicht als Hürde, sondern als Wesen der Weltgestaltung und damit als grundlegender Zugang zum Erkenntnisgewinn erlebt wird, dann ist Teilhabe an Bildungsprozessen notwendige Voraussetzung." (Rihm 2008: 47)

Es liegt nahe, dass die Diskrepanz zwischen Individualität und Heterogenität, innerhalb deren sich inklusiver Unterricht bewegt, nur mit didaktischen Methoden entsprochen werden kann, die den Differenzen der Schüler gerecht werden und zugleich bedeutende individuelle sowie ko-konstruktive Lernprozesse unterstützen (vgl. http://bidok.ui-bk. ac.at 2010). Nach Ansicht der Autorin sollen demgemäß ganzheitliche und selbstbestimmte reflexive Prozesse der Wissensaneignung und des Fertigkeitserwerbs in inklusiven Schulen weitestgehend in kooperativer Selbsttätigkeit stattfinden.

Fazit:

Die Inklusion geht in erster Linie von einer unteilbaren Lerngruppe aus, die aufgrund der individuellen Voraussetzungen der Kinder vielfältige Lernwege ermöglicht und Differenzen als Ressource im gemeinsamen Bildungsprozess wahrnimmt. Aufgrund der besonders profilierten, essenziellen Bedeutung der zwischenmenschlichen Beziehungen und der Kommunikation der Kinder untereinander, kommt der gemeinsamen Interaktion und Ko-Konstruktion eine wichtige Rolle in allen pädagogischen Interventionen zu. Besonders im frühpädagogischen Bereich eignet sich die soziale Spieltätigkeit als Ansatzpunkt inklusiver Lernsettings.

Da analog zu einem gesamtgesellschaftlichen Inklusionsverständnis auch im Bildungsprozess die Denkweisen und Strukturen aller Beteiligten ausschlaggebend für ein Gelingen der Umsetzung sind, stellt sich der Autorin die Frage, inwieweit das Recht auf Inklusion in der Realität konkret umgesetzt werden kann. Nach persönlicher Einschätzung haben die Fachkräfte in den Bildungseinrichtungen bis dato keine adäquate Unterstützung und Weiterbildung für die Entwicklung einer inklusiver Grundhaltung, da persistierende Rahmenbedingungen für eine Separation in der Praxis – gewollt oder ungewollt - aufrechterhalten werden. Deutlich wird dies vor allem am Beispiel der Finanzierung, die schon im ersten Abschnitt der Arbeit erwähnt wurde und auch im Bildungsbereich neben den vorhandenen ausgrenzenden Denkstrukturen einen zentralen Kritikpunkt an der mangelnden Umsetzung der Inklusion darstellt.

IV. Der Index für Inklusion in der frühen Kindheit

Der Index für Inklusion wurde im Jahr 2000 in seiner ursprünglichen Fassung für den schulischen Bereich von Tony Booth und Mel Ainscow entwickelt und im Jahr 2003, auf Initiative von Prof. Dr. Andreas Hinz und Ines Boban, übersetzt und für deutsche Verhältnisse adaptiert. Dieser Index beinhaltet eine Sammlung von Materialien, Ausführungen und Fragen zur Qualität der relevanten Aspekte, die eine inklusive Bildungseinrichtung charakterisieren. Der Index für Inklusion gibt in diesem Zusammenhang zahlreiche Anhaltspunkte für eine systematische Schulentwicklung und Anregungen zur Reflexion und Selbstevaluation. Aus der für die Schule verfassten Version ist 2005 der Index für Inklusion – Spiel, Lernen und Partizipation in der inklusiven Kindertageseinrichtung entwickeln, ausgearbeitet worden. Dieser soll im Folgenden vorgestellt werden.

IV.1 Beschreibung und Einsatz des Index

Der Index für Inklusion für die frühkindliche Erziehung, Bildung und Betreuung ist eine Unterstützung zur Förderung der inklusiven Entwicklung in allen institutionellen außerschulischen Formen von Kindertageseinrichtungen (vgl. Boban/ Hinz 2007). Der Leitgedanke des Index existiert darin, die vorhandene Heterogenität wahrzunehmen, anzuerkennen und als wertvoll und Bereicherung im gemeinsamen Miteinander zu erfahren. Dabei soll die Partizipation der Kinder insbesondere in allen Spiel- und Lernprozessen (vgl. III.4) sukzessiv gesteigert werden. Der Index stellt in diesem Zusammenhang Hilfen für einen begleiteten Prozess der Selbstevaluation und Entwicklung zur Verfügung, um eine Tageseinrichtung nach inklusiven Maßstäben zu gestalten. Anhand der über 700 Fragen können die Einrichtungen divergente Bereiche im Sinne eines inklusiven Leitbildes reflektieren und Veränderungsprozesse initiieren. Indem der Index eine individuelle Entwicklung der Einrichtungskultur befürwortet, kann er zu einer beständigen Verbesserung von inklusiven Standards in der Praxis beitragen.

> *„Der ‚Index für Inklusion' ist ein Versuch, die praktischen Implikationen der Inklusion für alle Aspekte der Erziehung in Kindertageseinrichtungen, ihre Aktivitäten und Räumlichkeiten für Erwachsene und Kinder und die Beziehungen und Interaktionen zwischen Praktikern/ -innen, Kindern und Familien festzumachen. Der Index bietet diesen verschiedenen Settings eine Entwicklungsrichtung, die sie in die Lage*

versetzt, ihre eigene Entwicklung in Übereinstimmung mit inklusiven Wertvorstellungen zu planen." (Booth in Heimlich/ Behr 2009: 41)

Die daraus entstehende Sensibilität für inklusive Prozesse und der damit einhergehende Aufbau von Gemeinschaften mit gemeinsamen Werten können langfristig zu einer nachhaltigen Verbesserung der Qualität in Kindertageseinrichtungen führen (vgl. a.a.O. 2007). Den Autoren der englischen Orginalfassung – Booth und Ainscow - geht es insbesondere darum, sich nicht nur mit der Thematik der Inklusion auseinanderzusetzen und den Index als Arbeitsmaterial zu übernehmen sondern vielmehr plädieren sie für eine allumfassende Verinnerlichung der zu Grunde liegenden Konzeption sowie für eine Identifikation mit der Herausforderung der Umsetzung (vgl. a.a.O. 2007).

IV.2 Die vier Elemente des Index

Der Index für Inklusion besteht aus insgesamt vier Hauptbestandteilen, die sich wiederum in mehrere Einzelbereiche unterteilen lassen. Zu diesen gehören die ‚Schlüsselkonzepte', die ‚Dimensionen und Bereiche', die ‚Evaluationsmaterialien' sowie der ‚Index-Prozess'.

IV.2.1 Schlüsselkonzepte

Als essenzielle Schlüsselkonzepte des Index für Inklusion in Kindertageseinrichtungen gelten ‚Inklusion', ‚Barrieren für Spiel, Lernen und Partizipation', ‚Ressourcen für Spiel, Lernen und Partizipation' und , Unterstützung von Vielfalt'.

‚Inklusion' bedeutet in diesem Kontext alle Formen von Ausgrenzung zu reduzieren und beinhaltet eine fundamentale Anerkennung der Differenzen als auch der Gemeinsamkeiten (vgl. Boban/ Hinz 2007). Dabei geht es in erster Linie um Beziehungsgestaltung und um Fokussierung der ganzen Persönlichkeit des Kindes. Verschiedenheiten werden diesbezüglich als Potenziale wahrgenommen und anerkannt. (s. Anhang 5) Inklusion unterliegt somit einem nicht endenden Entwicklungsprozess, der die kontinuierliche Reflexion des Denkens und Handelns impliziert.

Die Bezeichnung ‚Barrieren für Spiel, Lernen und Partizipation' ersetzt im Index das Konzept des sonderpädagogischen Förderbedarfs (vgl. Götzendorfer 2009). Somit kann eine Etikettierung einzelner Kinder systematisch vermieden und die

Aufmerksamkeit dementsprechend auf alle Kinder gerichtet werden. Während der sonderpädagogische Förderbedarf, einhergehend mit der entsprechenden Grundhaltung niedrigere Erwartungen an einzelne Kinder aufgrund stigmatisierter Beeinträchtigungen impliziert, richtet der Begriff der Barriere die Aufmerksamkeit darauf, was dezidiert getan werden muss, um das Erfahrungsfeld der Kinder zu erweitern (Vgl. Boban/ Hinz 2007).

Weiterführend ist es im Sinne des Abbaus von Barrieren förderlich die ‚Ressourcen für Spiel, Lernen und Partizipation' zu mobilisieren. Hierzu zählt nicht nur die Unterstützung mittels Geld, sondern auch das Potenzial der Pädagogen als menschliche Ressourcen innerhalb der Kindertageseinrichtungen.

Ebenso bedeutend in diesem Kontext ist das Schlüsselkonzept der ‚Unterstützung der Vielfalt'. Dabei ist es wichtig, eine neue Vorstellung von Förderung zu begreifen, die die Heterogenität aller Kinder berücksichtigt und bei der Planung von Aktivitäten zur Partizipation aller Kinder, auf diese eingeht.

Um einem isolierten thematischen Postulat einer inklusiven Kindertageseinrichtung entgegenzuwirken, bedarf es einer systematischen und detaillierten Übersicht für die Umsetzung der genannten Schlüsselkonzepte.

IV.2.2   Dimensionen und Bereiche

Diese oben genannte Übersicht für die Entwicklung einer inklusiven Kindertageseinrichtung, wird in Form von drei verschiedenen reziproken Dimensionen gebildet. (s. Anhang 6) Alle drei Dimensionen sind notwendig, um Inklusion in der Praxis zu verwirklichen (vgl. Götzendorfer 2009). Die Basis bildet dabei die Entfaltung inklusiver Kulturen (Dimension A), da die Entwicklung gemeinsamer inklusiver Werte und damit einhergehende partnerschaftliche Beziehungen zu Veränderungen in den anderen beiden Dimensionen – Etablierung inklusiver Leitlinien (Dimension B) und Entwicklung inklusiver Praxis (Dimension C) - führen können.

Jede dieser Dimensionen ist wiederum in zwei Bereiche unterteilt, die die Aufmerksamkeit noch stärker darauf lenken, welche Interventionen notwendig sind, um Partizipation aller zu erhöhen. (s. Anhang 6) Anhand dieser Kategorien werden bereits konkrete Praxisbereiche der Umsetzung genannt und die jeweilige Entwicklungsanleitung gegeben.

Die drei jeweils in zwei Bereiche unterteilten Dimensionen bilden einen sogenannten Planungsrahmen, der für die Arbeit in Einrichtungen einen Entwicklungsplan strukturiert. Anhand dessen ergibt sich ein Analyserahmen, indem der Planungsprozess der Einrichtung strukturiert und die Fortschritte in einzelnen Bereichen abgelesen und reflektiert werden können (vgl. Boban/Hinz 2007).

IV.2.3 Evaluationsmaterialien

Für alle oben genannten Bereiche der drei Dimensionen sind erneut Indikatoren vorhanden, die inklusive Zielsetzungen beschreiben und anhand derer bestehende Verhältnisse inspiziert werden können. (s. Anhang 7) Jeder Indikator ist mit einer Anzahl von Fragen expliziert, die gegebenenfalls von den Einrichtungen vervollständigt oder bedarfsgerecht angepasst werden können. (s. Anhang 8) Diese Fragen fordern alle Beteiligten dazu heraus, über die einzelnen Indikatoren nachzudenken und die eigene Wahrnehmung für die gegenwärtige Situation zu schärfen (vgl. a.a.O. 2007). Anhand der Analyseergebnisse aus den beantworteten Fragen, können folglich Maßnahmen für die weitere Entwicklung abgeleitet werden.

> *„Die Fragen, die je nach Bedarf ergänzt oder verändert werden können, schärfen aber nicht nur den Blick für die eigene [...] Situation, sondern dienen auch als wichtiges Instrument zur Bewertung des Fortschrittes und geben zusätzliche Ideen für künftige Entwicklungsaktivitäten." (Götzendorfer 2009: 63)*

Die Fragen der divergenten Indikatoren betreffen größtenteils die Einrichtungen selbst, teilweise allerdings auch die Träger und Kommunen. Diese Tatsache setzt für eine zweckvolle Umsetzung des Index für Inklusion eine konstruktive Zusammenarbeit auf allen Ebenen voraus (vgl. Boban/ Hinz 2007).

IV.2.4 Der Index-Prozess

Der Index-Prozess (s. Anhang 9) als solches trägt in der Kindertageseinrichtung -die in diesem Sinne als Basisglied in der Gesellschaft gesehen werden kann - bereits zur Entwicklung von Inklusion bei (vgl. a.a.O. 2007). Ein inklusiver Prozess enthält eine detaillierte Selbstevaluation, die konsequent Alle berücksichtigt, die mit der Einrichtung kollektiviert sind. Dabei geht es allerdings nicht darum, die Kompetenzen und Professionalität Einzelner zu bewerten, sondern um die Entscheidung, auf welchem Weg und mit welchen Methoden die Entwicklung der Einrichtung in Richtung Inklusion gefördert und unterstützt werden kann (vgl. a.a.O. 2007). Obgleich der Index-Prozess in fünf einzelne Phasen gegliedert ist, ist er nicht als mechanischer Verlauf zu verstehen, der eine Sequenz von Phasen chronologisch abarbeitet, sondern als eine dynamische Entwicklung, die Emotionen und Werte in inklusive Handlungen integriert.

In der ersten Phase ‚Mit dem Index beginnen', kommt es zur Bildung eines Index-Teams, das aus Vertretern aller beteiligten Gruppen der Einrichtung – Pädagogen, Eltern, Kindern und weiteren externen Fachleuten - besteht (vgl. Rihm 2008). Dieses Gremium setzt sich erstmals mit dem Ansatz und dem Index-Material auseinander. Besonders hilfreich kann die Einbeziehung eines ‚kritischen Freundes' der Einrichtung gesehen werden, der den gesamten Prozess kontinuierlich und vor allem objektiv begleitet. Da jedes Gremium in seiner Zusammensetzung und Kompetenz einzigartig ist, sieht die Arbeit mit dem Index in jeder Einrichtung anders aus (vgl. Götzendorfer 2009).

In der darauffolgenden Phase ‚Die Einrichtungssituation beleuchten' sollen nun die einzelnen Gruppen detailliert über den Index informiert werden und mithilfe der oben vorgestellten Indikatoren und Fragen gemeinsame Prioritäten für die weitere Entwicklung der Einrichtung herausgearbeitet und fixiert werden (vgl. Götzendorfer 2009). Das Prozedere der Prioritätenerarbeitung kann anhand divergenter Analysemethoden beispielsweise in Form von Fragebögen verlaufen (vgl. Boban/ Hinz 2007). (s. Anhang 10)

In der dritten Phase ‚Einen inklusiven Plan entwerfen' soll das bestehende Konzept der Einrichtung überarbeitet werden, indem sich das Index-Team an den gemeinsam entwickelten Prioritäten orientiert. Neue Aspekte werden für das Konzept formuliert und mit eingearbeitet, bereits bestehende Prioritäten in Bezug auf inklusive Kriterien kritisch überprüft und gegebenenfalls adaptiert.

In der nächsten Phase ‚Den inklusiven Plan in die Praxis umsetzen' findet die Umsetzung der gemeinsam erarbeiteten und in der Konzeption festgehaltenen Prioritäten statt. Dabei werden Veränderungsschritte dokumentiert und kontinuierlich weiter diskutiert und verändert (vgl. Rihm 2008). Grundvoraussetzung dabei ist, dass alle Meinungen ernst genommen werden und konstruktive Kritik als förderliche Verbesserungsmöglichkeit betrachtet wird (vgl. Götzendorfer 2009).

In der fünften und damit letzten Phase ‚Den Index-Prozess evaluieren' werden der Gesamtprozess der Entwicklung der Einrichtung sowie die einzelnen Fortschritte reflektiert respektive notwendige Modifikationen des Prozesses diskutiert. Im Sinne der Zirkularität wird nach intensiver Evaluation wieder in Phase zwei angesetzt und der Prozess beginnt mit der Festlegung neuer oder veränderter Prioritäten von vorne (vgl. a.a.O. 2009).

IV.3 Der Index in der Praxis

Der Index für Inklusion wurde in den vergangenen Jahren in der Schulversion in über 30 Sprachen übersetzt und wird in vielen Schulen auf internationaler Ebene verwendet. Aufgrund der positiven Erfahrungen mit der Schulversion wurden neue Varianten entwickelt, die neben der veröffentlichten Version für die Kindertageseinrichtungen auch weitere Einsatzbereiche im Rahmen des gesellschaftlichen Zusammenlebens abdecken (vgl. Boban/ Hinz 2007). Dabei wird deutlich, dass es nicht den richtigen Weg gibt, den Index für Inklusion zu nutzen, sondern dass die Materialien den jeweiligen Gegebenheiten angepasst werden müssen und sollen.

> *„Jede Verwendung ist gerechtfertigt, die zur Reflexion über Inklusion anregt und zu einer größeren Partizipation von Kindern und Jugendlichen an den Kulturen, Aktivitäten und Gemeinschaften ihrer Einrichtungen führt."* (a.a.O. 2007: 25)

Nach Götzendorfer (2009) zeigen erste Erfahrungsberichte, dass es für die erfolgreiche Umsetzung des Index erforderlich ist, das gesamte Personal und alle Beteiligten in den Prozess mit einzubeziehen und das Interesse an der Arbeit mit den Materialien und Methoden zu wecken. Des Weiteren ergänzt sie, dass die Information Aller über den Verlauf zu gewährleisten ist, um eine arbeitsfähige und gleichberechtigte Diskussionsbasis hervorzubringen.

Fazit:

Eine ausschlaggebende Stärke des Modells ist sein Ansatz als Instrument der Einrichtungsentwicklung. Im Index geht es nicht um die individuelle Förderung des Kindes, sondern um die Verbesserung der Strukturen und Rahmenbedingungen der Einrichtungen und ihrem Umfeld. Das Verständnis, dass die Problematik nicht dadurch entsteht, dass einzelne Kinder benachteiligt sind, sondern dass sie durch konkret zu benennende Personen und Rahmenbedingungen benachteiligt werden, gehört zu den Grundsätzen des Inklusionsgedanken bei der Anwendung des Index. Insbesondere die individuelle Anpassung an die jeweilige Institution macht es möglich, allerorts mit dem Index zu arbeiten und ihn für die inklusive Entwicklung zu nutzen.

V. Schlussbemerkungen und Bilanz

Der letzte Teil der Arbeit fasst die zentralen Aussagen zusammen und schließt anhand persönlicher Kommentierungen und einem Ausblick in die Zukunft das Thema ‚Inklusion als neuer grundlegender Ansatz im Bildungsbereich' ab.

V.1 Zusammenfassung der zentralen Aussagen

Abschließend wird deutlich, dass die Integrationspädagogik zweifelsohne zu einem Wandel von Werthaltungen und Neustrukturierung der Gesellschaft in Richtung Humanisierung und Demokratisierung beigetragen hat. Allerdings ist auch deutlich wahrnehmbar, dass es trotz aller integrativen Operationen nicht funktioniert hat, Separation und Exklusion zu beseitigen und ein gleichberechtigtes von Partizipation geprägtes gesellschaftliches Zusammenleben zu gestalten. Inklusive Pädagogik kann demzufolge als Optimierung der Integrationspraxis verstanden werden, indem grundsätzlich neue Maßstäbe für inklusive Weiterentwicklung, Qualität und Evaluation etabliert werden. Die enorme Bedeutung des Inklusionsgedankens liegt in der Publikation einer inklusionsorientierten Grundhaltung in der Heterogenität als Normalität und Ressource angesehen wird. Für die pädagogische Praxis bedeutet dies nunmehr, dass nicht das einzelne ‚andere' Kind im Mittelpunkt der pädagogischen Interventionen steht, sondern dass das gesamte Umfeld im konsequenten Sinne der Inklusion determiniert im Fokus aller Bestrebungen ist. Die enorme Bedeutung des neuen Verständnisses von Zusammenleben und die sukzessiv steigernde Präsenz der Vision von gleichberechtigter Heterogenität, werden insbesondere in der verbreiteten Anwendung des Index für Inklusion deutlich. Dennoch kommt immer wieder der Punkt, an dem die Zielsetzung der inklusiven Praxis, an bis dato bestehenden Rahmenbedingungen und gesetzlichen Regelungen scheitert, obgleich die Inklusion im Kern weniger abhängig von diesen ist als die Integration.

V.2 Persönliche Kommentierungen und Ausblick in die Zukunft

Obgleich die derzeitigen Rahmenbedingungen und der moderne Zeitgeist mit einem dezidierten Leitungsdenken und Strukturen, in denen permanente Separation – beispielsweise das dreigliedrige Schulsystem - zum gesellschaftlichen Zusammenleben gehören, dem Konzept der inklusiven Pädagogik widersprechen, sind gerade Pädagogen in der Lage visionäre Bemühungen anzustreben. Darin sieht die Autorin die Chance, die Zukunft neu mitzugestalten, indem weitblickende Handlungskompetenzen der immer besser qualifizierten Pädagogen genau an der Basis der Gesellschaft zum Tragen kommen. Dennoch sollte in Zukunft diskutiert werden, welche Rolle die verschieden qualifizierten Fachkräfte im inklusiven Prozess einnehmen und inwieweit Ausbildungen und Studiengänge adaptiert werden müssen. Dabei geht es in erster Linie nicht nur darum, *was* gestaltet werden soll, sondern *wie* es in der Praxis umgesetzt werden soll. Woran sollen sich Pädagogen beispielsweise orientieren, wenn keine Förderpläne mehr erstellt werden und als Handlungsplanung zur Verfügung stehen? Auch wenn – oder gerade weil - die Fachwelt durch divergente Begriffsdiskussionen die in der Praxis tätigen Pädagogen polarisiert, so ist dennoch ein verstärkter kooperativer interdisziplinärer Diskurs zu beobachten, der die Qualität der inklusiven Praxis weiterentwickelt und stabilisiert. Die Inklusion muss somit, in welchem Sinne auch immer, zu einer Herzensangelegenheit aller Beteiligten werden. Und in diesem Sinne setzt der Index für Inklusion als Evaluationsinstrument der inklusiven Praxis genau an einer Schlüsselstelle im Entwicklungsprozess an, wo er nach Meinung der Autorin am meisten Früchte trägt: an den Vorstellungen und Denkweisen aller pädagogisch Tätigen!

"Bisher war es wichtig, dass jeder,
der anders ist, die gleichen Rechte hat.
In Zukunft wird es wichtig sein,
dass jeder das gleiche Recht hat, anders zu sein."

(De Klerk in: http://kindergartenpaedagogik.de 2010)

Literaturverzeichnis

INDEX FÜR INKLUSION:

Boban Ines/
Hinz Andreas (Hrsg.):   Index für Inklusion. Lernen und Teilhabe in Schulen der Vielfalt
entwickeln; Martin-Luther-Universität Halle; 2003

Boban Ines/
Hinz Andreas (Hrsg.):   Index für Inklusion. Spiel, Lernen und Partizipation in der inklusiven
Kindertageseinrichtung entwickeln; Gewerkschaft Erziehung und
Wissenschaft (GEW) Frankfurt am Main; 2. überarbeitete Auflage;
2007

FACHLITERATUR:

Biewer Gottfried: Grundlagen der Heilpädagogik und inklusiven Pädagogik; Bad
Heilbrunn (Julius Klinkhardt Verlag/ UTB) 2009(a)

Biewer Gottfried: Vom Integrationsmodell für Behinderte zur Schule für alle Kinder;
Weinheim und Basel (Beltz Verlag); 2. Auflage; 2009(b)

Dederich Markus et al.:   Inklusion statt Integration? Heilpädagogik als Kulturtechnik; Gießen
(Psychosozial-Verlag) 2006

Geiling Ute/
Hinz Andreas: Integrationspädagogik im Diskurs – Auf dem Weg zu einer inklusiven
Pädagogik? Bad Heilbrunn (Verlag Julius Klinkhardt) 2005

Gill Bernhard: Schule in der Wissensgesellschaft – Ein soziologisches Studienbuch
für Lehrerinnen und Lehrer; Wiesbaden (VS Verlag für
Sozialwissenschaften) 2005

Götzendorfer Claudia: Inklusive Pädagogik als Qualitätsverbesserung der Integrationspraxis;
Saarbrücken (VDM Verlag Dr. Müller) 2009

Heimlich Ulrich/
Behr Isabel (Hrsg.):   Inklusion in der frühen Kindheit – Internationale Perspektiven; Berlin
(LIT Verlag Dr. W. Hopf) 2009

Heimlich Ulrich:	Integrative Pädagogik – Eine Einführung; Stuttgart (Verlag W. Kohlhammer) 2003
Heinzel Friederike/ Geiling Ute (Hrsg.):	Demokratische Perspektiven in der Pädagogik; Wiesbaden (VS Verlag für Sozialwissenschaften) 2004
Oerter Rolf:	Psychologie des Spiels; Weinheim und Basel (Beltz Verlag – Taschenbuch); Durchgesehene Neuausgabe; 1999
Rihm Thomas:	Teilhaben an Schule: Zu den Chancen wirksamer Einfluss-nahme auf Schulentwicklung; Wiesbaden (VS Verlag für Sozialwissenschaften) 2008
Schäfer Gerd (Hrsg.):	Bildung beginnt mit der Geburt – Ein offener Bildungsplan für Kindertageseinrichtungen in Nordrhein-Westfalen; Berlin, Düsseldorf, Mannheim (Cornelson Verlag Scriptor) 2., erweiterte Auflage; 2007
Schmidt Susanne:	Miteinander spielen, voneinander lernen; Kinder mit und ohne Behinderung in Kindertageseinrichtungen; Freiburg im Breisgau (Verlag Herder) 2002

ARTIKEL IN FACHZEITSCHRIFTEN:

Fischer Ute:	Bindungstheoretische Impulse für eine inklusive Pädagogik – Ansätze zur Kompetenz- und Autonomieentwicklung in der heilpädagogischen Arbeit. In: Zeitschrift für Inklusion 1; 2010
Hinz Andreas:	Von der Integration zur Inklusion - terminologisches Spiel oder konzeptionelle Weiterentwicklung. In: Zeitschrift für Heilpädagogik 9; 2002
Knauer Sabine:	Pisa und die Integrationspädagogik: Du bist mir nah und doch so fern... Zu vordergründigen Übereinstimmung und hintergründigen Gegensätzen. In: Zeitschrift für Heilpädagogik 8; 2002
Kobi Emil:	Heilpädagogische Haltung aufbauen und Bewahren. In heilpaedagogik.de 1; 2010

Wocken Hans: Integration und Inklusion. In: Bayerisches Inklusionsinfo der
Landesarbeitsgemeinschaft Bayern, Gemeinsam Leben – Gemeinsam
Lernen e.V.; 2. Halbjahr 2009

INTERNETADRESSEN:

http://everyoneisincluded.us/inclusionquotes06.html; 13.02.2010

http://oecd.org/dataoecd/6/16/35148918.pdf; 19.02.2010

http://bidok.uibk.ac.at/library/beh2-01-bintinger-inklusiv.html; 06.03.2010

http://www.kindergartenpaedagogik.de/527.html; 07.03.2010

Anhang

Fünf Unterscheidungen zur Bestimmung des Inklusionskonzeptes nach Porter

Traditional approach	Inclusionary approach
(1) Focus on student	Focus on classroom
(2) Assessment of student by specialist	Examine teaching/ learning factors
(3) Diagnostic/ prescriptive outcomes	Collaborative problem-solving
(4) Student programme	Strategies for teacher(s)
(5) Placement in appropriate programme	Adaptive & supportive regular classroom environment

(Porter in Götzendorfer 2009: 27)

Ins Deutsche übersetzt:

Traditioneller Ansatz	Inklusiver Ansatz
(1) Schüler im Fokus	Lerngruppe im Fokus
(2) Bewertung von Schülern durch Spezialisten	Untersuchung der Lehr-/ Lernfaktoren
(3) Diagnostische/ vorher- sagende Ergebnisse	Kooperatives Problemlösen
(4) Schülerprogramm	Strategien für Lehrer
(5) Platzierung in geeignetem Programm	Lernfähiges und unterstützendes Lernumfeld in der Regelklasse

(übersetzt von M. Streicher 2010)

Praxis der Integration und Inklusion nach Hinz

PRAXIS DER INTEGRATION	PRAXIS DER INKLUSION
• Eingliederung behinderter Kinder in die allgemeine Schule	• Leben und Lernen aller Kinder in der allgemeinen Schule
• Differenziertes System je nach Schädigung	• Umfassendes System für alle
• Zwei-Gruppen-Theorie (behindert/ nichtbehindert)	• Theorie einer pädagogisch ununterteilbaren heterogenen Gruppe
• Aufnahme von Kindern mit Behinderung	• Profilierung des Selbstverständnisses der Schule
• Individuumszentrierter Ansatz	• Systemischer Ansatz
• Fixierung auf die administrative Ebene	• Beachtung der emotionalen, sozialen und unterrichtlichen Ebene
• Ressourcen für Kinder mit besonderem Bedarf	• Ressourcen für ganze Systeme (Klasse, Schule)
• Spezielle Förderung für Kinder mit Behinderungen	• Gemeinsames individuelles Lernen für alle
• Individuelle Curricula für einzelne	• Ein individualisiertes Curriculum für alle
• Förderpläne für Kinder mit Behinderungen	• Gemeinsame Reflexion und Planung aller Beteiligter
• Anliegen und Auftrag der Sonderpädagogik und SonderpädagogInnen	• Anliegen und Auftrag der Schulpädagogik und SchulpädagogInnen
• SonderpädagogInnen als Unterstützung für Kinder mit Behinderungen	• SonderpädagogInnen als Unterstützung für heterogene Klassen und KollegInnen
• Ausweitung von Sonderpädagogik in die Schulpädagogik hinein	• Veränderung von Sonder- und Schulpädagogik
• Kombination von Schul- und Sonderpädagogik	• Synthese von Schul- und Sonderpädagogik
• Kontrolle durch Experten	• Kollegiales Problemlösen im Team

(Hinz in Götzendorfer 2009: 30)

Komponenten integrativer Spielförderung
nach Heimlich

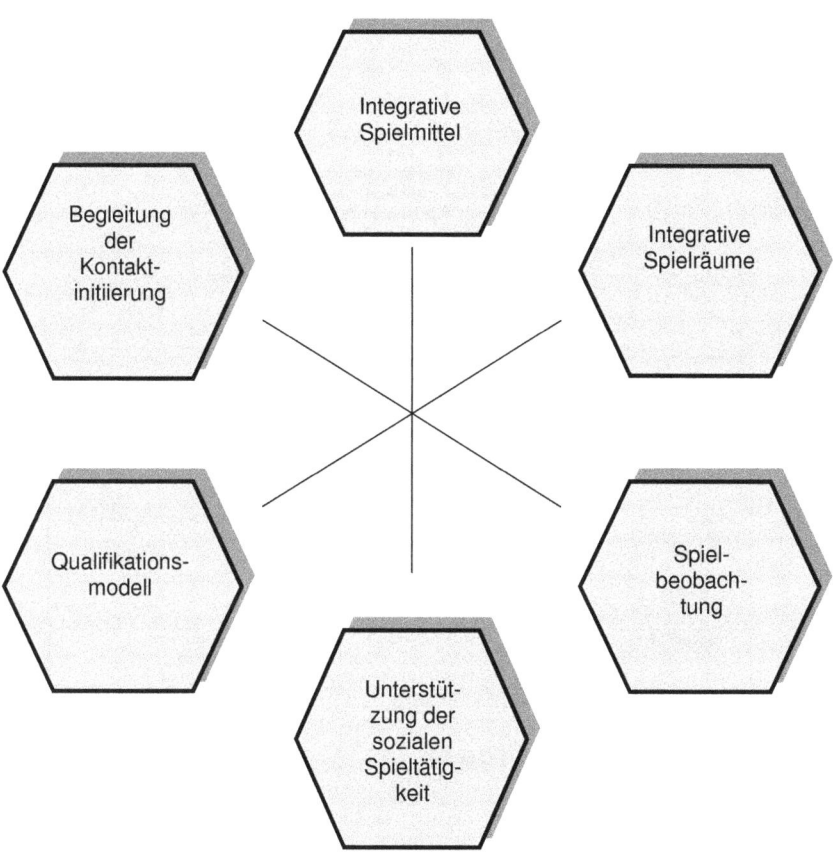

(vgl. Heimlich 2003: 92)

Das Haus des inklusiven Lebens und Lernens

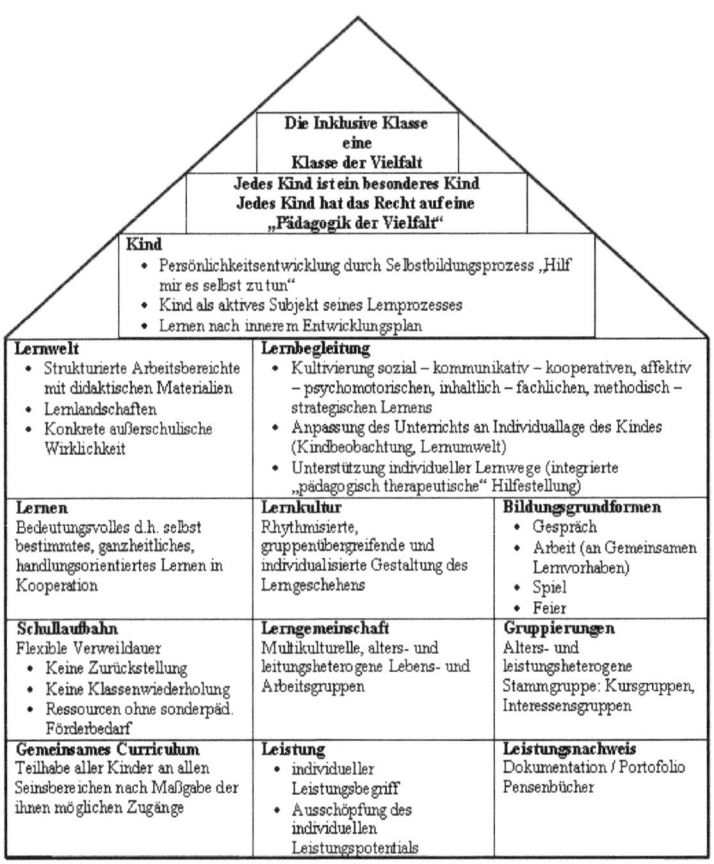

(http://bidok.uibk.ac.at; 2010)

Index für Inklusion – Schlüsselkonzept: Inklusion

Inklusion beinhaltet:

- Die Partizipation der Kinder und Jugendlichen an kulturellen und sozialen Aktivitäten ihrer örtlichen Einrichtungen erhöhen sowie die Ausgrenzung reduzieren.

- Die Kultur, Leitlinien und Praxis der Einrichtungen neu strukturieren, damit sie auf die Vielfalt der Kinder/ Jugendlichen in der unmittelbaren Umgebung eingehen.

- Inklusive Werte in die Praxis umsetzen.

- Alle Kinder, Jugendlichen, Eltern und Mitarbeiter/innen in gleicher Weise wertschätzen.

- Die Unterschiede zwischen den Kindern als Chancen für gemeinsames Spielen und Lernen sehen, anstatt sie als Probleme zu betrachten, die es zu überwinden gilt.

- Das Recht der Kinder auf eine wohnortnahe, qualitativ gute Erziehung, Bildung und Betreuung in ihrer Umgebung anerkennen.

- Verbesserungen für Mitarbeiter/innen ebenso wie für Kinder herbeiführen.

- Die Barrieren für Spiel, Lernen und Partizipation für alle Kinder abbauen, nicht nur für jene mit Beeinträchtigungen oder diejenigen, die als Kinder „mit sonderpädagogischem Förderbedarf" eingestuft werden

- Von den bisherigen Versuchen zum Abbau von Barrieren für Spiel, Lernen und/oder Partizipation für besondere Zielgruppen lernen, damit Veränderungen herbeigeführt werden, die Kinder in größerem Ausmaß zugute kommen.

- Sowohl die Entwicklung der Gemeinschaft und der Werte, als auch der Leistungen betonen.

- Die nachhaltige Beziehung zwischen den Einrichtungen und ihrem sozialen Umfeld fördern.

- Begreifen, dass Inklusion in Bildungs- und Erziehungseinrichtungen in der frühen Kindheit ein Aspekt von Inklusion in der gesamten Gesellschaft ist.

(Boban/Hinz 2007: 14)

Index für Inklusion – Dimensionen und Bereiche

Die <u>Dimensionen</u>
des Index:

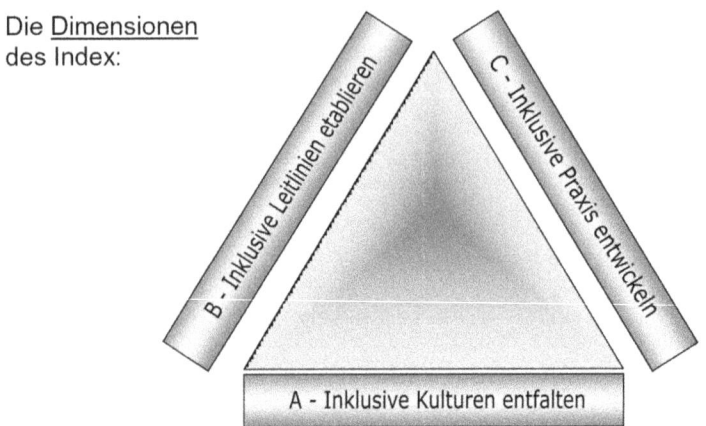

(vgl. Boban/Hinz 2007: 21)

Die <u>Bereiche</u>
der Dimensionen:

Der Planungsrahmen	
Dimension A **Inklusive Kulturen entfalten**	
A1 - Gemeinschaft bilden	A2 - Inklusive Werte verankern
Dimension B **Inklusive Leitlinien etablieren**	
B1 - Eine Einrichtung für alle entwickeln	B2 - Unterstützung von Vielfalt organisieren
Dimension C **Inklusive Praxis entwickeln**	
C1 - Spiel und Lernen gestalten	C2 - Ressourcen mobilisieren

(vgl. Boban/Hinz 2007: 22)

Index für Inklusion – Indikatoren

Beispiel für Indikatoren am Bereich A1:

Dimension A – Inklusive Kulturen entfalten		
	A.1.	**Gemeinschaft bilden**
INDIKATOR	A.1.1	Jeder soll sich willkommen fühlen.
	A.1.2	Die Kinder helfen sich gegenseitig
	A.1.3	Die Erzieherinnen arbeiten gut zusammen
	A.1.4	Die Mitarbeiter/innen und Kinder begegnen sich mit Respekt
	A.1.5	Es gibt eine Zusammenarbeit zwischen Mitarbeiter/innen und Eltern.
	A.1.6	Die Erzieherinnen stellen eine Verbindung zwischen den Ereignissen in der Einrichtung und dem Leben der Kinder zu Hause her.
	A.1.7	Die Erzieherinnen arbeiten gut mit dem Träger zusammen
	A.1.8	Die Einrichtung öffnet sich zum Stadtteil

(vgl. Boban/Hinz 2007: 72)

Index für Inklusion – Indikatoren mit Fragen

Beispiel für Fragen anhand eines Indikators
am Bereich A1/ Indikator A.1.1:

Dimension A – Inklusive Kulturen entfalten		
	A.1. Gemeinschaft bilden	
INDIKATOR	**A.1.1 Jeder soll sich willkommen fühlen.**	

a) Ist der erste Kontakt, den man mit der Einrichtung hat, freundlich und einladend?
b) Ist die Umgebung der Einrichtung freundlich?
c) Werden die Kinder und ihre Eltern stets begrüßt und verabschiedet?
d) Ist die Einrichtung allen Kindern gegenüber aufgeschlossen, einschließlich Kindern mit Behinderungen, Sinti/Roma und Asylbewerbern?
e) Ist die Einrichtung allen Eltern und anderen Bewohnern des Stadtteils gegenüber aufgeschlossen?
f) Werden Informationen über die Aktivitäten und Leitlinien allen Eltern zur Verfügung gestellt?
g) Sind die Informationen allen zugänglich, unabhängig von ihrer Muttersprache oder Behinderung (zum Beispiel bei Bedarf als Übersetzung, in Brailleschrift, auf Audiocassette und in Großdruck erhältlich)?
h) Sind Dolmetscher für Gebärdensprache und andere Erstsprachen bei Bedarf verfügbar?
i) Erwähnt die Information über die Einrichtung ausdrücklich, dass alle Kinder aus dem Umfeld willkommen sind?
j) Werden die lokalen Kulturen und Einwohnergruppen durch Schilder und Ausstellungen gewürdigt?
k) Gibt es positive Rituale, um neue Kinder und neue Mitarbeiter/innen willkommen zu heißen und ihren Abschied zu begehen?
l) Haben die Kinder das Gefühl, dass die Räume und Flächen ihnen gehören?
m) Haben die Kinder, Eltern, Leitungsteams/ Leiterinnen und Stadtteilbewohner alle das Gefühl, dass die Einrichtung zu ihnen gehört?

(vgl. Boban/Hinz 2007: 75)

Index für Inklusion – Der Index-Prozess

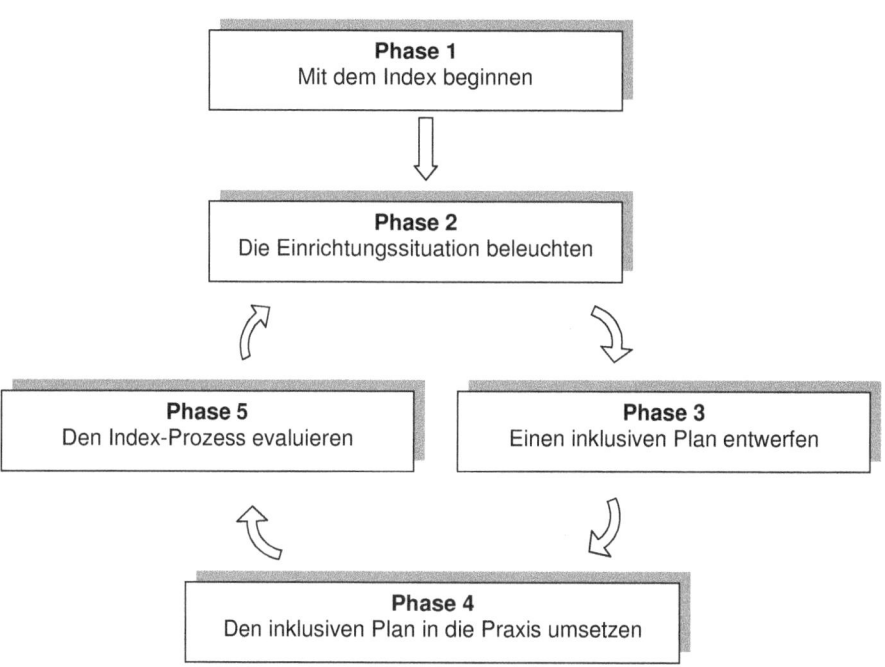

(vgl. Boban/Hinz 2007: 75)

Index für Inklusion – Fragebogenbeispiel

INDIKATOREN

Bitte kreuzen Sie eins oder mehrere der folgenden Kästchen an, um Ihren Bezug zur Einrichtung deutlich zu machen:

Erzieher/in   Ehrenamtliche/r

Trägervertreter/in   Kind/ Jugendlicher

Elternteil   Andere/r, und zwar:

Wie gut beschreiben die folgenden Sätze Ihre Einrichtung? Bitte kreuzen Sie bei dem Satz ein Kästchen an.	Stimme voll zu	Stimme teils teils zu	Stimme nicht zu	Brauche mehr Infos
DIMENSION A Inklusive Kulturen erfahren				
A.1.1 Jeder soll sich willkommen fühlen				
A.1.2 Die Kinder helfen sich gegenseitig				
A.1.3 Die Erzieher/innen arbeiten gut zusammen				
usw.				
A.2.1 Jeder der mit der Einrichtung beschäftigt ist, beteiligt sich am Einsatz für Inklusion				
A.2.2 Von allen Kindern wird viel erwartet				
A.2.3 Alle Kinder werden als gleich wichtig behandelt				
usw.				

(vgl. Boban/Hinz 2007: 131)